LB 4º 414.

CHANCELLERIE DE FRANCE.

Paris, le 20 janvier 1815.

INFORMATION

FAITE EN EXÉCUTION DES ORDRES DU ROI, PAR M. LE CHANCELIER.

LE vingt-deux mai mil huit cent quatorze, par-devant moi Charles-Henri Dambray, Chancelier de France, chargé par Sa Majesté personnellement, de constater les circonstances qui ont précédé, accompagné et suivi l'inhumation de S. M. Louis XVI et de la Reine,

Ont comparu les témoins ci-après dénommés, que j'ai mandés chez moi, sur l'indication qui m'avait été donnée de leurs noms par Sa Majesté.

1.º Le sieur François-Silvain Renard, Ancien Vicaire de la Magdeleine, domicilié rue de Caumartin, n.º 12, lequel, après serment de dire la vérité, a déposé ainsi qu'il suit:

« Le 20 janvier 1793, le Pouvoir exécutif manda M. Picavez, Curé de la paroisse de la Magdeleine, pour le charger de l'exécution de ses ordres relativement aux obsèques de S. M. Louis XVI.

» M. Picavez ne se sentant pas le courage nécessaire

pour remplir une fonction aussi pénible et aussi douloureuse, prétexta une maladie, et m'engagea, comme son Premier Vicaire, à le remplacer et à veiller, sous ma responsabilité, à la stricte exécution des ordres intimés par le Pouvoir exécutif. Ma réponse fut d'abord un refus positif, fondé sur ce que personne n'avait, peut-être aimé Louis XVI plus que moi ; mais sur l'observation juste que M. Picavez me fit que ce double refus pourrait avoir des suites fâcheuses et incalculables pour nous deux, j'acceptai.

» En conséquence, le lendemain 21, après m'être assuré que les ordres prescrits par le Pouvoir exécutif, et relatifs à la quantité de chaux ordonnée, et à la profondeur de la fosse qui, autant que je puis me le rappeler, devait être de dix à douze pieds, avaient été ponctuellement exécutés, j'attendis à la porte de l'église, accompagné de la Croix et de feu M. l'Abbé Damoreau, que l'on nous remit le corps de Sa Majesté.

» Sur la demande que j'en fis, les membres du département et de la commune me répondirent que les ordres qu'ils avaient reçus leur prescrivaient de ne pas perdre de vue un seul instant le corps de Sa Majesté. Nous fûmes donc obligés, M. Damoreau et moi, de les accompagner jusqu'au cimetière, situé rue d'Anjou......

» Arrivés au cimetière, je fis faire le plus grand silence. L'on nous présenta le corps de S. M. Elle était vêtue d'un gilet de piqué blanc, d'une culotte de soie grise et les bas pareils...... Nous psalmodiâmes les vêpres et récitâmes toutes les prières usitées pour le service des morts ; et, je dois dire la vérité, cette même populace qui naguères faisait retentir l'air de ses vociférations, entendit les prières faites pour le repos de l'âme de S. M. avec le silence le plus religieux.

» Avant de descendre dans la fosse, le corps de S. M. mis à découvert dans la bière, il fut jeté, au fond de ladite fosse, distante à dix pieds environ du mur, d'après les ordres du Pouvoir exécutif, un lit de chaux vive. Le corps fut ensuite couvert d'un lit de chaux vive, d'un lit de terre, et le tout fortement battu et à plusieurs reprises.

» Nous nous retirâmes ensuite en silence après cette trop pénible cérémonie, et il fut, autant que je puis me le rappeler, dressé par M. le Juge-de-paix un procès-verbal qui fut signé des deux Membres du département et de deux de la commune. Je dressai aussi un acte mortuaire en rentrant à l'église, mais sur un simple registre, lequel fut enlevé par les Membres du comité révolutionnaire lors de la clôture de cette église. »

Ce qui est tout ce que le témoin a dit savoir et a signé après lecture faite.

Signé RENARD.

2.° Le sieur Antoine Lamaignère, Juge-de-paix du premier arrondissement de Paris, demeurant rue de la Concorde, n.° 8, lequel, après serment de dire la vérité, nous a dit :

« Qu'il n'avait pas assisté à l'inhumation du Roi, mais qu'il s'est transporté sur les lieux au moment où le corps de S. M. était déjà couvert de chaux ; que la place qui aujourd'hui est conservée dans le jardin du sieur Descloseaux, ancien Avocat, est bien celle où le Roi a été inhumé, et a signé après lecture faite. »

Signé LAMAIGNÈRE.

3.° Le sieur Jean-Richard-Ève Vaudremont, Greffier du Juge-de-paix du premier arrondissement, demeurant rue de la Concorde, n.° 8, après serment de dire vérité, nous a dit :

» Qu'il avait accompagné le Juge-de-paix auquel il est attaché dans la visite qu'il a faite au cimetière de la Magdeleine, rue d'Anjou, peu de temps après l'inhumation du Roi et pendant qu'on recouvrait la fosse, et qu'il est en état d'attester que le corps de S. M. avait été placé dans le même local qui se trouve aujourd'hui marqué par des saules pleureurs dans le jardin du sieur Descloseaux, » et a signé après lecture faite.

Signé VAUDREMONT.

4.º Le sieur Dominique-Emmanuel Danjou, ancien Avocat, domicilié rue d'Anjou, n.º 48, lequel, après serment de dire vérité, nous a dit :

« Qu'il avait été également témoin de l'inhumation du Roi Louis XVI et de S. M. la Reine ; qu'il les avait vu descendre tous deux dans la fosse, dans des bières découvertes qui ont été chargées de chaux et de terre ; que la tête du Roi, séparée du corps, était placée entre ses jambes ; qu'il n'avait jamais perdu de vue une place devenue si précieuse et qu'il regardait comme sacrée, quand il a vu faire par son beau-père l'acquisition du terrain déjà enclos de murs qu'il a fait réhausser pour plus grande sûreté ; que le carré où se trouvent les corps de Leurs Majestés a été entouré par ses soins d'une charmille fermée ; qu'il y a été planté des saules pleureurs et des cyprès, » et a signé après lecture faite.

Signé DANJOU.

5.º M. Alexandre-Etienne-Hippolyte, Baron de Baye, Maréchal des camps et armées du Roi, lequel, après serment de dire vérité, nous a dit:

« Qu'il avait vu passer la voiture qui conduisait au cimetière de la rue d'Anjou le corps de Sa Majesté le Roi, mais qu'il n'avait pas suivi l'inhumation, a seulement entendu dire d'une manière positive que le corps de Sa Majesté avait été placé dans le local décoré depuis par les soins de M. Descloseaux ; qu'il a même connaissance qu'on en a offert audit sieur Descloseaux un hôtel à Paris en échange de ce précieux terrain, que ledit sieur Descloseaux a voulu conserver, » et a signé après lecture faite.

Signé BAYE.

Fait et clos à Paris, à l'Hôtel de la Chancellerie, le vingt-deux mai dix-huit cent quatorze.

Signé DAMBRAY.

Certifié conforme par nous, Secrétaire-Général de la Chancellerie et du Sceau, Membre de la Légion d'Honneur.

LE PICARD.

Le dix-huit janvier dix-huit cent quinze, nous soussignés Charles-Henri Dambray, Chancelier de France, commandeur des Ordres du Roi, accompagné de M. le Comte de Blacas, Ministre et Secrétaire-d'État au département de la Maison du Roi, de M. le Bailli de Crussol, Chevalier des Ordres du Roi, Pair de France, de M. de la Fare, Évêque de Nancy, Premier Aumônier de S. A. R. MADAME, Duchesse d'Angoulême, et enfin de M. Philippe Distel, Chirurgien de Sa Majesté, Commissaires nommés avec nous, par le Roi, pour procéder à la recherche des restes précieux de Leurs Majestés Louis XVI, et de la Reine Marie-Antoinette, son Auguste Epouse ;

Nous sommes transportés, à huit heures du matin, à l'ancien cimetière de la Magdeleine, rue d'Anjou-Saint-Honoré, n.° 48 ;

Entrés dans la maison attenante à laquelle le cimetière sert aujourd'hui de jardin, ladite maison occupée par le sieur Descloseaux, qui avait acheté précedemment ledit cimetière, pour veiller lui-même à la conservation des restes précieux qui s'y trouvent déposés ; nous avons trouvé ledit sieur Descloseaux avec le sieur Danjou, son gendre, et plusieurs personnes de sa famille ; lesquels nous ont conduits dans l'ancien cimetière, et nous ont indiqué de nouveau la place où ledit sieur Danjou nous avait déclaré qu'il croyait pouvoir assurer que les corps de Leurs Majestés avaient été déposés, ainsi qu'il est constaté par l'information que nous avons faite le vingt-deux mai dernier. Ayant ainsi reconnu de nouveau le côté du jardin où nous devions faire les recherches qui nous étaient prescrites, nous les avons commencées par celle du corps de Sa Majesté la Reine, afin d'arriver plus sûrement à découvrir celui de Sa Majesté Louis XVI, que nous avions lieu de croire placé plus près du mur du cimetière du côté de la rue d'Anjou.

Après avoir fait faire par des ouvriers, du nombre desquels se trouvait un témoin de l'inhumation de la Reine, une découverte de terre de dix pieds de long sur cinq à six de largeur et cinq ou environ de profondeur, nous avons rencontré un lit de chaux de dix ou onze pouces d'épaisseur, que nous avons fait enlever avec beaucoup de précaution, et sous lequel nous avons trouvé l'empreinte bien distincte d'une bière de cinq pieds et demi ou environ de longueur, ladite empreinte tracée au milieu d'un lit épais de chaux, et le long de laquelle se trouvaient plusieurs débris de planche encore intacts. Nous avons trouvé dans cette bière un grand nombre d'ossemens que nous avons soigneusement recueillis ; il en manquait cependant quelques-uns qui, sans doute, étaient déjà réduits en poussière ;

mais nous avons trouvé la tête entière, et la position où elle était placée, indiquait d'une manière incontestable qu'elle avait été détachée du tronc. Nous avons trouvé également quelques débris de vêtemens, et notamment deux jarretières élastiques assez bien conservées, que nous avons retirées pour être portées à Sa Majesté, ainsi que deux débris du cercueil ; nous avons respectueusement placé le surplus dans une boîte que nous avons fait apporter en attendant le cercueil de plomb que nous avons commandé. Nous avons également mis à part et serré dans une autre boîte la terre et la chaux trouvées avec les ossemens, et qui doivent être renfermées dans le même cercueil.

Cette opération faite, nous avons fait couvrir de fortes planches la place où se trouvait l'empreinte de la bière de S. M. la Reine, et nous avons procédé à la recherche des restes de S. M. Louis XVI.

Suivant à cet égard les premières indications qui nous avaient été données, nous avons fait creuser entre la place où le corps de la Reine avait été trouvé et le mur du cimetière sur la rue d'Anjou, une large ouverture de douze pieds de longueur et jusqu'à douze pieds de profondeur, sans rien rencontrer qui nous annonçât le lit de chaux indicatif de la sépulture du Roi. Nous avons par là même reconnu la nécessité de creuser un peu plus bas, et toujours dans la même direction ; mais l'approche de la nuit nous a déterminés à suspendre le travail et à l'ajourner jusqu'à demain.

Nous sommes, en conséquence, sortis du cimetière avec les ouvriers que nous y avons amenés ; nous en avons soigneusement fermé la porte en en prenant les clefs, et, après avoir retiré les deux caisses sus-mentionnées, que nous avons portées dans le salon du sieur Descloseaux, après les avoir scellées d'un cachet aux armes de France ; lesdites caisses, recouvertes d'un drap mortuaire, ont été entourées de cierges, et plusieurs ecclésiastiques de la chapelle de S.

M. sont arrivés pour réciter pendant la nuit, autour de ces précieux restes, les prières de l'église.

Le Directeur-Général de la police, que nous avons mandé, a été chargé de placer une garde à la porte et autour du cimetière, et nous avons ajourné à demain 19, à huit heures du matin, la suite de nos opérations, dont nous avons arrêté et signé le présent procès-verbal, qui l'a été également par le sieur Descloseaux, propriétaire du terrain, et par le sieur Danjou, son gendre.

Fait et clos à Paris, les jour et an que dessus.

Le Chancelier de France, signé DAMBRAY,
BLACAS-D'AULPS, BAILLI DE CRUSSOL,
A. L. H. DE LA FARE, Évêque de Nancy,
DISTEL, DESCLOSEAUX, DANJOU.

Le dix-neuf janvier dix-huit cent quinze, nous nous sommes de nouveau transportés au cimetière ci-dessus désigné, où nous sommes entrés à huit heures et demie du matin avec les ouvriers que nous avions mandés pour continuer les travaux commencés.

Lesdits ouvriers ont ouvert en notre présence une tranchée profonde de sept pieds un peu au-dessous de la tombe de S. M. la Reine et plus près du mur du côté de la rue d'Anjou. Nous avons découvert à ladite profondeur quelques terres mêlées de chaux, et quelques minces débris de planches indicatifs d'un cercueil de bois. Nous avons fait continuer la fouille avec plus de précaution; mais au lieu de trouver un lit de chaux pure, comme autour du cercueil de la Reine, nous avons reconnu que la terre et la chaux avaient été mêlées à dessein, en telle sorte cependant que la chaux dominait beaucoup dans ce mélange; mais n'avait pas la même consistance que celle trouvée dans notre opération d'hier : c'est au milieu de cette chaux et de cette terre que nous avons trouvé les ossemens d'un corps d'homme, dont plusieurs, presque entièrement corrodés, étaient près de tomber en poussière, la tête était couverte de chaux, et elle se trouvait placée au milieu des deux os des jambes, circonstance qui nous a paru d'autant plus remarquable, que cette situation était indiquée comme celle de la tête de Louis XVI, dans l'information que nous avons faite le 22 mai dernier.

Nous avons recherché soigneusement s'il ne restait aucune trace de vêtemens, sans pouvoir en découvrir, sans doute parce que la quantité de chaux étant beaucoup plus considérable avait produit plus d'effet.

Nous avons recueilli tous les restes que nous avons pu recueillir dans ces amas confus de terre et de chaux, et nous les avons réunis dans un grand drap préparé à cet effet, ainsi que plusieurs morceaux de chaux encore entiers.

Quoique la place où ce corps avait été découvert fût celle où plusieurs témoins oculaires de l'inhumation nous avaient déclaré que le corps de S. M. avait été déposé et que la situation de la tête ne nous laissât aucun doute sur le résultat de notre opération, nous n'avons pas laissé encore de faire enlever à vingt-cinq pieds de distance jusqu'à dix ou douze pieds de terre, pour chercher s'il n'existait pas de lit complet de chaux qui nous indiquât une autre sépulture du Roi aussi positivement que celle de la Reine. Mais cette épreuve surabondante nous a convaincus plus complettement encore que nous étions en possession de ces restes précieux.

Nous les avons enfermés avec respect dans une grande boîte que nous avons ficellée et scellée d'un cachet aux armes de France; nous avons ensuite apporté cette boîte dans le même salon où les restes de S. M. la Reine avaient été déposés hier, afin que les ecclésiastiques déjà rassemblés pussent continuer autour des deux corps, les prières de l'église, jusqu'au moment qui sera fixé par le Roi pour leur placement dans des cercueils de plomb et le transport desdits cercueils à l'Église royale de Saint-Denis.

De tout quoi nous avons rédigé et écrit le présent procès-verbal, qui a été signé par les mêmes commissaires et témoins que dans notre séance d'hier, et en outre par M. le Duc de Duras, Pair de France, Premier Gentilhomme de la chambre de S. M., par M. le Marquis de Dreux-Brézé, Grand-Maître des cérémonies de France, qui ont assisté à nos opérations d'aujourd'hui, et par M. l'abbé d'Astros, Vicaire-Général de l'Église de Paris, l'un des Administrateurs du diocèse, le siége vacant, qui s'est réuni à nous pour la présente exhumation.

Fait et clos à Paris, rue d'Anjou, n.º 48, à quatres heures du soir, les jours et an que dessus.

Le Chancelier de France, signé DAMBRAY, BLACAS-D'AULPS, BAILLI DE CRUSSOL, A. L. H. DE LA FARE, Évêque de Nancy, le Duc de DURAS, le Marquis de BRÉZÉ, l'abbé D'ASTROS, DESCLOSEAUX, DANJOU, DISTEL.

Le vingt janvier dix-huit cent quinze, à deux heures après-midi, nous nous sommes rendus, suivant les ordres du Roi, dans la maison du sieur Descloseaux, rue d'Anjou, n.º 48, où étant arrivés, nous avons trouvé réunis les mêmes commissaires qui avaient assisté à nos précédentes opérations, et les personnes que le droit de leurs charges ou l'ordre du Roi y avaient rassemblées pour être présentes au placement dans des cercueils de plomb des restes précieux de Leurs Majestés Louis XVI et de la Reine Marie-Antoinette, déposés dans un salon de ladite maison, dans des caisses ficellées et cachetées, savoir ; les commissaires du Roi, dont les noms suivent:

M. le Comte de Blacas, Grand-Maître de la garde-robe du Roi, Ministre et Secrétaire-d'État au département de sa Maison;

M. le Bailli de Crussol, Pair de France, Chevalier des Ordres du Roi ;

M. de la Fare, Evêque de Nancy, Premier Aumônier de S. A. R. Madame, Duchesse d'Angoulême ;

Et en outre, M. le Duc de Duras, Pair de France ; Premier Gentilhomme de la chambre de S. M. ;

M. de Noailles, Prince de Poix, Pair de France, Capitaine des gardes-du-corps de S. M., ayant été de service auprès de S. M. Louis XVI, jusques et compris le 10 août 1792.

En présence desquelles personnes, nous avons examiné les boîtes ci-dessus mentionnées, dont nous avons reconnu les cachets sains et entiers ; et après les avoir rompus, nous avons procédé à la translation des précieux restes, desdites boîtes, dans les cercueils de plomb préparés à cet effet.

Les dépouilles mortelles de S. M. Louis XVI ont été placées dans un grand cercueil, avec plusieurs morceaux de chaux qui avaient été trouvés entiers, et le long desquels paraissaient quelques vestiges des planches du cercueil de bois : le cercueil de plomb a ensuite été recouvert et sondé par les plombiers que nous avions mandés et sur le couvercle a été posé une plaque de vermeil doré, avec cette inscription :

ICI EST LE CORPS DU TRÈS-HAUT, TRÈS-PUISSANT

ET TRÈS-EXCELLENT PRINCE, LOUIS XVI DU NOM,

PAR LA GRACE DE DIEU, ROI DE FRANCE ET DE

NAVARRE.

La même opération a été faite en présence des mêmes personnes à l'égard des restes de S. M. la Reine Marie-Antoinette, et le cercueil qui les contient, pareillement recouvert et soudé par les mêmes plombiers, avec cette inscription :

ICI EST LE CORPS DE TRÈS-HAUTE, TRÈS-PUISSANTE ET TRÈS-EXCELLENTE PRINCESSE MARIE-ANTOINETTE — JOSÈPHE — JEANNE DE LORRAINE, ARCHIDUCHESSE D'AUTHICHE, ÉPOUSE DE TRÈS-HAUT, TRÈS — PUISSANT ET TRÈS - EXCELLENT PRINCE LOUIS, SEIZIÈME DU NOM, PAR LA GRACE DE DIEU, ROI DE FRANCE ET DE NAVARRE.

Les deux cercueils ont ensuite été replacés sous le drap mortuaire, en attendant l'époque fixée par le Roi pour le transport à Saint—Denis des deux corps.

De tout quoi, nous avons fait et clos le présent procès-verbal, qui a été signé avec nous par les personnes ci-dessus dénommées, ensemble par le sieur Descloseaux, propriétaire de la maison, et le sieur Danjou, son gendre.

A Paris, les jour et an que dessus.

Le Chancelier de France, signé DRMBRAY, BLACAS—D'AULPS, BAILLI DE CRUSSOL, A. L. H. DE LA FARE, Evêque de Nancy; le Duc de DURAS; NOAILLES, Prince DE POIX; DESCLOSEAUX, DANJOU.

Certifié conformé à la minute déposée aux archives de la Chancellerie de France :

Le Secrétaire—Général de la Chancellerie de France et du Sceau, Membre de la Légion d'Honneur,

Par ordre de Monseigneur le Chancelier,

LE PICARD.

Le Roi désirant consacrer par un témoignage public et solennel la douleur que la France n'avait pu jusqu'ici faire éclater, et qu'elle manifeste aujourd'hui d'une manière si touchante, au souvenir du plus horrible attentat, a ordonné que le 21 janvier de chaque année un service pour le repos de l'âme de Louis XVI serait célébré dans toutes les églises du Royaume, que la Cour prendrait le deuil, ainsi que les Autorités civiles et militaires, que les Tribunaux vaqueraient, et que les théâtres seraient fermés.

Paris, ce 20 janvier 1815.

Le Ministre de la Maison du Roi,

BLACAS D'AULPS.

Paris, le 21 janvier.

La translation à Saint-Denis de la dépouille mortelle du Roi Louis XVI et de la Reine Marie-Antoinette, archiduchesse d'Autriche, a eu lieu aujourd'hui; le cortège est parti de la rue d'Anjou, à neuf heures du matin, et est arrivé à Saint-Denis vers midi; l'ordonnance en était simple et majestueuse; sur tous les lieux de son passage, il a marché entre une double haie de spectateurs nombreux dans une attitude grave et silencieuse, et dans le recueillement profond que commandait l'objet d'une telle cérémonie. Une grande partie des habitans de Paris s'était rendue à Saint-Denis; une autre portion non moins considérable affluait dans les diverses églises de la capitale. L'ordre le plus parfait a régné.

Nous donnerons demain les détails du cérémonial qui a été observé.

Paris, le 22 janvier.

Nous allons donner, sur la cérémonie des obsèques du Roi Louis XVI, et de la Reine Marie-Antoinette, Archiduchesse d'Autriche, les détails que nous avons annoncés dans notre feuille d'hier.

Tous les régimens de la garnison de Paris ont pris les armes à sept heures du matin, et sont venus border la haie depuis la rue d'Anjou Saint-Honoré jusqu'à la barrière Saint-Denis.

MONSIEUR est parti à huit heures du matin du château des Tuileries, avec Monseigneur Duc d'Angoulême et Monseigneur Duc de Berri, s'est rendu chez M. Descloseaux et a posé la première pierre du monument qui doit être élevé sur l'endroit où reposaient les corps du Roi Louis XVI et de la Reine, sa Femme.

Les restes précieux de LL. MM., qui avaient été déposés dans leurs cercueils, ont été portés sur un char funèbre par douze gardes de la Manche de la compagnie Ecossaise des Gardes-du-corps du Roi. Le cortége s'est mis en marche dans l'ordre suivant :

Un détachement de gendarmerie, fort en avant, ouvrait la marche.

Venait ensuite un escadron des hussards du régiment du Roi, ayant en tête son Colonel et les trompettes du régiment.

Les compagnies de grenadiers et voltigeurs du régiment du Roi et de la Reine, infanterie légère et infanterie de ligne, portant l'arme sous le bras gauche, marchaient en colonne serrée, ayant avec elles leurs drapeaux et musique, et en tête leurs colonels.

M. le Gouverneur de la première division militaire avec l'État-Major-Général.

Un demi-escadron de la Garde nationale de Paris à cheval.

Un détachement de la Garde nationale à pied.

M. le Lieutenant-Général Comte Dessolle avec l'Etat-Major de la Garde nationale.

Un demi-escadron de grenadiers à cheval de la Garde du Roi, le Capitaine et les Officiers à leur tête.

Trois carosses du Roi à huit chevaux, dans lesquels les principaux Officiers des Princes.

Un demi-escadron de mousquetaires de la seconde compagnie et un demi-escadron de mousquetaires de la première, leurs Officiers en tête avec leur musique.

Un demi-escadron de Chevau-légers de la Garde du Roi avec leurs trompettes et timballes, les Officiers en tête.

Huit carosses du Roi à huit chevaux, dans lesquels étaient les personnes désignées par Sa Majesté pour faire partie du cortége.

Le carosse dans lequel étaient Monsieur, Monseigneur Duc d'Angoulême et Monseigneur Duc de Berri.

Quatre Hérauts-d'Armes à cheval.

Le Roi-d'Armes à cheval.

Le Grand-Maître, le Maître et les Aides des cérémonies à cheval.

Quatre chevau-légers.

Deux écuyers du Roi à cheval.

Les Capitaines des quatre Compagnies rouges aux petites roues du char.

Le char.

Six gardes-du-corps de la Manche à droite et à gauche tout auprès du char: trente Cent-Suisses sur les ailes, le

Capitaine à cheval à leur tête, accompagnant jusqu'à la barrière Saint-Denis.

En l'absence du Grand-Écuyer, l'Ecuyer, Commandant les écuries du Roi à cheval.

Le Capitaine des Gardes-du-corps.

Les Officiers derrière lui.

Un escadron des Gardes-du-corps du Roi derrière leurs Officiers.

Un demi-escadron de Gendarmes de la Garde du Roi, fermant la marche des troupes de la Maison de S. M.

Un détachement des Gardes-du-corps de MONSIEUR.

Le carosse du Corps de MONSIEUR.

Celui de Monseigneur Duc d'Angoulême.

Celui de Monseigneur Duc de Berri.

Un demi-escadron de la Garde nationale à cheval.

Un escadron des Dragons du Roi.

Une batterie d'artillerie de campagne se trouvait à la barrière de Saint-Denis où elle attendait le convoi qu'elle a suivi en tirant un coup de canon par minute.

Le régiment des Chasseurs du Roi bordait la route de Paris à Saint-Denis.

Le 12.e Régiment d'infanterie légère occupait Saint-Denis avec trois escadrons de Hussards du Roi et une seconde batterie d'artillerie.

La Garde nationale de Saint-Denis était sous les armes sur la place de l'Abbaye.

Toutes les troupes avaient le crêpe au bras.

Les tambours et instrumens étaient voilés de serge noire. Les drapeaux et étendards avaient des crêpes.

Un recueillement profond et religieux régnait parmi la foule qui s'était portée sur les endroits où devait passer le cortége.

Le cortége arrivé devant l'Abbaye, à Saint-Denis, les Corps du Roi et de la Reine ont été retirés du char par les Gardes de la Manche, portés par eux à l'église, reçus par tout le clergé, et présentés à M. l'Evêque d'Aire, officiant, par M. l'Evêque de Carcassonne, nommé pour représenter le Grand-Aumônier. Ils ont été ensuite placés dans le catafalque élevé au milieu du chœur de l'Eglise.

Monsieur, Monseigneur Duc d'Angoulême, Monseigneur Duc de Berri, après s'être retirés un moment dans leur appartement, sont rentrés à l'Eglise, suivi des Princes et Princesses du sang.

Les places étaient disposées de la manière suivante :

Monsieur, Monseigneur Duc d'Angoulême, Monseigneur Duc de Berri, Princes du grand deuil ; Monseigneur le Duc d'Orléans, et Monseigneur le Prince de Condé occupaient les premières stalles hautes à droite dans le chœur ; S. A. R. Madame la Duchesse d'Orléans, Madame la Duchesse de Bourbon, et Mademoiselle d'Orléans, Princesses du grand deuil, occupaient les stalles hautes vis-à-vis. Après les Princes, étaient deux stalles vides, et dans les quatre hautes stalles suivantes, M. le Comte Barthelemi, M. Lainé, M. le Maréchal Duc de Dalmatie, Ministre de la guerre, M. le Maréchal Duc de Reggio, Ministre d'Etat, qui avaient été nommés par le Roi pour porter les quatre coins du poêle, au moment où l'on conduirait les cercueils à la tombe.

Dans les stalles hautes et basses à droite et à gauche, étaient placées des députations de la Cour de cassation, de la Cour des comptes, du Conseil de l'Université, de la Cour Royale, du Corps municipal et du Tribunal de première instance.

Le chœur était occupé par les Grands et Principaux Officiers de la Maison du Roi et de celles des Princes, par quatre des Ministres de S. M., et par les personnes que le Roi avait nommées pour être du cortége.

L'empressement général de rendre les derniers devoirs au Roi Louis XVI et à la Reine, sa femme, et le respect pour leur mémoire, avaient attiré à Saint-Denis un grand nombre de MM. les Maréchaux de France, de MM. les Membres de la Chambre des Pairs et de la Chambre des Députés, de MM. les Grands-croix de l'Ordre de Saint-Louis, de MM. les Grands-cordons de la Légion d'Honneur, de MM. les Lieutenans généraux et Maréchaux-de-camp, qui ont été placés également dans le chœur, ainsi que M. le Lieutenant-général Comte Dessolle, Major-général des Gardes nationales du Royaume, avec l'Etat-Major et M. le Lieutenant-général Comte Maison, Gouverneur de la première division militaire, avec l'Etat-Major-Général.

S. M. qui n'avait pas douté des sentimens qui se sont manifestés, avait ordonné au Grand-Maître des cérémonies de faire réserver des places à tous ceux de ces Messieurs qui se présenteraient individuellement.

La Gouvernante des Enfans de France, les Dames du Palais de la Reine, femme du Roi Louis XVI, et les Dames de MADAME, Duchesse d'Angoulême, occupaient des bancs à gauche et près du catafalque.

Quatre cents des demoiselles filles des Membres de la Légion d'Honneur qui habitent l'ancienne Abbaye de Saint-Denis, étaient placées sur des banquettes dans la croisée du chœur près de l'autel.

Le service divin a commencé.

Les Princes et Princesses du grand deuil ont été, suivant l'usage, conduits par les Officiers des cérémonies à l'offrande, après laquelle l'oraison funèbre a été prononcée par M. l'Evêque de Troyes.

Après les absoutes, les corps du Roi et de la Reine ont été descendus dans le caveau.

Dans toutes les cérémonies qui ont eu lieu jusqu'à ce

jour, il n'en est aucune où la bonté du Roi et de son auguste Famille n'ait fourni l'occasion de remarquer des circonstances attendrissantes qui n'appartiennent qu'au caractère adorable de nos Princes.

Monsieur, Monseigneur Duc d'Angoulême, Monseigneur Duc de Berri, descendus dans le caveau où doivent reposer à jamais les restes précieux que les voies de la Providence nous a fait retrouver, et prosternés sur le tombeau de leur Roi, n'ont laissé qu'un regret à ceux que les devoirs de leur place appelaient dans ce triste lieu, c'est que la France entière n'ait pas été témoin de leur profonde vénération et de leur pieuse douleur.

Des salves d'artillerie ont annoncé le matin le départ du convoi, et se sont renouvelées pendant le service à Saint-Denis et au moment de l'inhumation.

Dans cette imposante et douloureuse solennité, tous les cœurs se sont montrés réunis dans un sentiment commun auquel on a reconnu sous ses véritables traits le caractère national. Si quelqu'objet eût pu distraire un moment la pensée des sentimens et des souvenirs dont elle était occupée, c'eût été l'aspect de ces beaux corps d'élite de l'Armée et de la Garde nationale, qui, dans une attitude noble et silencieuse, laissaient assez remarquer l'impression profonde qu'ils éprouvaient, et particulièrement la vue de cette Maison du Roi, dont un certain nombre de spectateurs pouvaient seuls reconnaître les couleurs et les signes distinctifs, avec un sentiment qui n'a pas besoin d'être défini, mais qui frappait tous les regards par l'éclat de sa brillante tenue, et tous les esprits par le souvenir des événemens mémorables auxquels son nom se rattache.

Paris, le 23 janvier.

Quoique depuis un siècle il fût hors d'usage d'inviter, de la part du Roi, le Corps diplomatique aux pompes funèbres, MM. les Ambassadeurs et Ministres étrangers ne s'en sont pas moins empressés d'assister individuellement aux obsèques du feu Roi Louis XVI et de la Reine son épouse, et ils ont occupé dans le chœur de l'église de Saint-Denis des places du nombre de celles qui avaient été réservées par ordre de Sa Majesté.

Nous ajouterons aux particularités publiées hier dans *le Moniteur*, que M. le Marquis de la Roche-Jacquelin, Capitaine des grenadiers à cheval de la Garde du Roi, commandait le demi-escadron de service de sa compagnie.

Le premier carosse du cortége était occupé par M. le Comte de la Ferronnaye, Premier Gentilhomme de la chambre de Monseigneur Duc de Berri, M. le Comte de Nantouillet, son Premier Ecuyer; M. le Comte de Damas-Crux, Premier Gentilhomme de la chambre de Monseigneur Duc d'Angoulême, et M. le Duc de Guiche, son Premier Ecuyer.

Dans le deuxième carosse, M. le Vicomte de Montmorency, Chevalier d'honneur de MADAME, Duchesse d'Angoulême, M. le Vicomte d'Agoult, son Premier Ecuyer, M. l'Abbé de la Farre, ancien Evêque de Nancy, son Premier Aumônier.

Dans le troisième, M. le Duc de Fitz-James, Premier Gentilhomme de la chambre de MONSIEUR, M. le Comte François d'Escars, son Capitaine des Gardes, M. le Comte Armand de Polignac, son Premier Ecuyer, M. l'Abbé de Lattil, son Premier Aumônier.

Dans le quatrième, M. Hüe, Premier Valet-de-chambre du Roi, M. d'Aubier, Gentilhomme ordinaire, un Ecuyer de main et deux Officiers de la chambre du Roi.

Dans le cinquième, cinq Officiers de la chambre du Roi.

Dans le sixième, M. le Bailly de Crussol, M. le Duc de Choiseul, M. Descloseaux.

Dans le septième, M. le Duc de Coigny, M. le Comte

de Vaudreuil, M. le Marquis de la Suze, M. le Comte d'Escars, M. le Marquis de Talaru.

Dans le huitième ; M. le Comte Barthelemi, Vice-Président de la chambre des Pairs ; M. Lainé, Président de la chambre des Députés ; M. le Marechal Duc de Dalmatie, Ministre de la guerre, et M. le Maréchal Duc de Reggio, Ministre—d'État.

Dans le neuvième, M. le Duc de Lorge, M. le Duc de Lavauguyon, M. le Marquis de Choiseul, tous trois anciens Menins du Roi Louis XVI, et M. le Duc de Noailles.

Dans le dixième, un Aumônier du Roi, un Aumônier de la Reine, M. le Curé de la paroisse de la Magdeleine.

Dans le onzième, M. de Vintimille, Evêque de Carcassonne, nommé pour remplacer M. le Grand-Aumônier qui était indisposé. M. le Duc de Richelieu, Premier Gentilhomme de la chambre, nommé par le Roi comme le plus ancien titulaire, non d'année, pour remplir ses fonctions dans cette cérémonie ; M. le Comte de Blacas, Grand-Maître de la garde-robe de S. M.

Dans le douzième carosse étaient : MONSIEUR, Monseigneur Duc d'Angoulême, Monseigneur Duc de Berri.

M. le Marquis de Dreux-Brézé, Grand-Maître ; M. le Marquis de Rochemore, Maître ; M. de Saint-Félix, Premier aide, et M. de Watronville, Deuxième Maître des cérémonies de France, étaient à cheval, aux places qui leur sont assignées, en avant du char funèbre.

M. le Duc de Mortemart, Capitaine de la compagnie des cent-suisses de la Garde du Roi, commandait le détachement de sa compagnie.

M. le Comte de Durfort, Capitaine-Lieutenant de la compagnie des Gendarmes du Roi; M. le Marquis de Lagrange, Capitaine-Lieutenant de la deuxième compagnie des Mousquetaires, se trouvaient en personne au convoi. M. le Comte de Lussac, Commandant d'escadron des Chevau-légers, y tenait la place de M. le Comte Charles de Damas, Capitaine-Lieutenant de cette compagnie, et M. le Comte Foulers, Commandant d'escadron de la première compagnie des Mousquetaires, celle de M. le Comte de Nansouty, la santé de M. le Comte Charles de Damas et de M. le Comte de Nansouty ne leur ayant pas permis de faire leur service.

M. le Marquis de Vernon, Ecuyer, Commandant les Ecuries du Roi, marchait à la place de M. le Grand-Ecuyer.

M. de Noailles, Prince de Poix, Capitaine des Gardes-du-corps, nommé par S. M. comme le plus ancien titulaire de cette charge, commandait l'escadron de service, les différens détachemens de la maison militaire du Roi, et avait la garde des Corps de Leurs Majestés.

Les dames que le Roi avait désignées pour assister aux obsèques, étaient : Madame la Marquise de Tourzel, Gouvernante des Enfans de France ; Madame la Duchesse de Duras, Douairière ; Madame la Duchesse de Luynes, Madame la Marquise de la Roche-Aymon, anciennes Dames du Palais de la Reine Marie-Antoinette. La santé de Madame la Princesse d'Henin ne lui a pas permis de s'y trouver.

Les dames de MADAME, Duchesse d'Angoulême, étaient: Madame la Comtesse de Damas-Crux, Dame d'Honneur en survivance (Madame la Duchesse de Sérent, sa mère, était restée auprès de MADAME) ; Madame la Comtesse de Choisy, Dame d'Atours ; Madame la Comtesse de Béarn, Madame la Comtesse de Biron, Madame le Marquise de Saint-Maure, Madame la Vicomtesse de Vaudreuil, Madame la Marquise de Rougé et Madame la Comtesse de Goyon, Dames pour accompagner MADAME.

Les quatre Ministres de S. M. qui se trouvaient dans l'Eglise de Saint-Denis, étaient : M. le Comte Berguot,

Ministre et Secrétaire-d'Etat de la marine, M. le Baron Louis, Ministre-Secrétaire-d'Etat des finances, M. le Comte de Jaucourt, Ministre-d'Etat, chargé par intérim du porte-feuille des affaires étrangères, et M. l'Abbé de Montesquiou, Ministre et Secrétaire-d'Etat de l'intérieur.

M. le Duc d'Havré, Capitaine des Gardes en quartier, a donné tous les ordres nécessaires à la formation du détachement des cent Gardes-du-corps qui ont fait partie du cortége.

M. le Prince de Wagram et M. le Duc de Raguse, Capitaine des Gardes-du-corps du Roi, assistaient également au service.

On voyait avec attendrissement auprès de celui qui avait conservé les restes précieux du Roi et de la Reine, M. de Sèze, qui avait été l'un des défenseurs du Roi.

On a le regret de ne pouvoir citer les noms de toutes les personnes qui se sont empressées dans cette journée d'apporter le tribut de leur hommage et de leur douleur.

M. le Duc de Duras, Premier Gentilhomme de la chambre du Roi, d'année, avait ordonné tous les préparatifs faits dans l'église, d'après l'état qui lui en avait été remis par le Grand-Maître des cérémonies. On a remarqué la beauté des dispositions et des travaux exécutés, d'après ses ordres, avec une promptitude extrême.

On a placé, dans le cimetière de la Magdeleine, au lieu d'où l'on a exhumé les restes précieux de Louis XVI, une boîte de chêne, recouverte en plomb, et renfermant deux médailles, l'une en bronze, l'autre en argent. Elles offrent d'un côté la tête de Louis XVIII, gravée par M. Andrieux, et de l'autre cette simple inscription : *A Louis XVI ; le 21.e janvier 1815.* Une boîte semblable a été déposée sous la première pierre du monument projeté à la place Louis XV.

A MONTPELLIER.

chez JEAN MARTEL LE JEUNE, Imprimeur ordinaire du Roi, rue Saint-Firmin, n.° 94. —— 1815.

www.ingramcontent.com/pod-product-compliance
Lightning Source LLC
Chambersburg PA
CBHW060611050426
42451CB00011B/2187